case

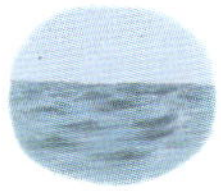
mer

plage

crabes

saute-mouton

x
de coco

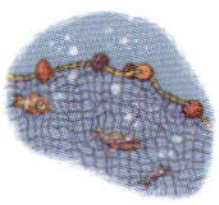
filets

récifs

requin

cacahuète

pirogue

rame

requin

récifs

pirogue

coquille
de noix

Océan

méduses

rame

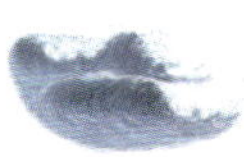
vagues

montagnes

voiliers

cargos

port

calamars

poulet

requin

récifs

bras

pirogue

plage

pêcheurs

sardine

requins

baleines

sardine

ISBN 978-2-244-42361-6

Le petit pêcheur de requins

Texte de Marie-Sabine Roger
Illustrations de Julie Faulques

Éditions Lito

Pour midi, Kakely a décidé de pêcher un  requin. Il prend ses  sandales, son  chapeau de paille, une  épuisette, un  panier en feuille de  palmier. Il sort de sa  case et court vers la  mer. Sur la  plage, de petits  crabes jouent à  saute-mouton entre les  noix de coco et les  coquillages.

Des  bateaux flottent sur l'eau comme des  bouchons.

Kakely cherche sa  pirogue. « Où est-elle ?

Ah, la voilà ! » - toute petite, accrochée à un

 piquet, au pied de la  dune. Des pêcheurs tirent

leurs 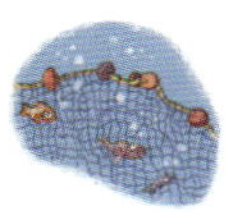 filets et lui demandent où il va.

– Je vais jusqu'aux  récifs, attraper un  requin !

– Un requin ? Il te gobera comme une  cacahuète !

« Pff ! N'importe quoi ! »

Kakely met sa  pirogue à l'eau et prend sa  rame à deux 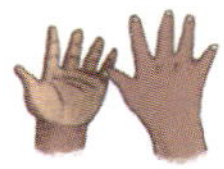 mains. Le  soleil tape. Aucun  nuage.

– Où vas-tu, petit  poussin ? dit une  dame en  maillot de bain.

– Je vais jusqu'aux récifs, attraper un  requin !

– Les  récifs ? Ils briseront ta  pirogue comme une  coquille de noix !

« Pff ! N'importe quoi ! »

Kakely rame très vite. Il va traverser l'  Océan !

Les  méduses médusées le regardent pagayer.

Un  baigneur le dépasse, de l'eau jusqu'aux  genoux.

– Où vas-tu, petit  canard ?

– Je vais jusqu'aux  recifs, attraper un requin !

– Un requin ? Il te cassera comme une  allumette !

« Pff ! N'importe quoi ! »

Kakely hausse les  épaules. Il tire sur sa  rame.

Il franchit des  vagues hautes comme des  montagnes.

Des  *voiliers* et de gros  *cargos* voguent vers le  *port*, à côté du  *phare*. Kakely n'a peur de rien : c'est un vrai  *marin* ! Un  *grand-père* lui fait signe. Sa  *barque* est pleine de  *homards*, de  *langoustes* et de  *calamars*.

– Où vas-tu, petit  ?

– Je vais jusqu'aux récifs, attraper un  !

– Jusqu'aux  ? Ils sont trop loin !

« Pff ! N'importe quoi ! »

Kakely a mal aux  bras . La  pirogue n'avance pas.

L'  horizon est loin, là-bas. Les  mouettes se paient sa  tête . À ce moment-là – *plouf !* – un petit  poisson saute tout seul dans sa barque.

Vite ! Kakely prend l'  épuisette , met le poisson dans son  panier et fait demi-tour. Sur la  plage , les  pêcheurs éclatent de rire.

– Ce n'est pas un requin, c'est une  sardine !

– Pfff ! Des , j'en ai pêché plein. Et même deux ou trois  … mais comme je n'avais pas assez faim, je les ai remises à l'eau ! À midi, je dîne d'une , et c'est déjà trop !

www.editionslito.com

Lito
41, rue de Verdun 94500 Champigny-sur-Marne
Imprimé en UE
Loi n° 49-956 du 16 juillet 1949 sur les publications destinées à la jeunesse
Dépôt légal : février 2009

requin

sandales

chapeau de paille

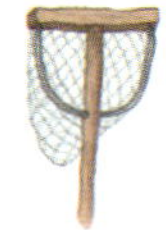
épuisette

panier

palmier

coquillages

bateaux

bouchons

pirogue

piquet

dune

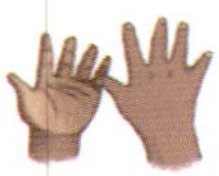
mains

soleil

nuage

poussin

dame

maillot de bain

baigneur

genoux

canard

recifs

allumette

épaules

phare

marin

grand-père

barque

homards

langoustes

horizon

mouettes

tête

[illegible]

épuisette